NOTICE

SUR LES

TRAVAUX DE M. LE Vte DE ROMANET

MEMBRE DU CONSEIL GÉNÉRAL DE L'AGRICULTURE, DU COMMERCE
ET DES MANUFACTURES,

A L'APPUI

DE SA CANDIDATURE A LA PLACE D'ACADÉMICIEN LIBRE

VACANTE

PAR LE DÉCÈS DE M. LE DUC DE RAGUSE.

PARIS,

IMPRIMERIE ET LIBRAIRIE D'AGRICULTURE ET D'HORTICULTURE
DE Mme Ve BOUCHARD-HUZARD,
5, RUE DE L'ÉPERON.

—

1852

MÉMOIRES PUBLIÉS OU LUS A L'INSTITUT.

Premier mémoire sur la *question des bestiaux*, tendant à obtenir qu'un *droit au poids* soit *substitué au droit par tête* perçu à l'entrée, dans Paris, des animaux destinés à la boucherie. Mars 1841.

Deuxième mémoire sur la même question. Juin 1841.

Troisième mémoire *idem*. Juillet 1842.

Les conclusions de ces divers mémoires ont été converties en loi en 1845, et cette loi, aujourd'hui en vigueur, fait concourir à l'approvisionnement de Paris, de Lyon, etc., les bestiaux de petite race qui en étaient exclus depuis l'établissement du droit par tête.

Quatre mémoires ou rapports sur la question des *sucres*, tendant à repousser l'interdiction (alors projetée par le gouvernement) de la fabrication du sucre de betterave. de 1841 à 1843

Mémoire sur la *protection due à l'industrie du fer*, considérée sous le rapport des services qu'elle rend aux cultivateurs dont elle emploie les bras pour l'extraction des

minerais et castines pour l'exploitation des bois et char-
bons, etc., et dont elle occupe les bêtes d'attelage pour
le transport de ces mêmes matières premières dans la sai-
son où les travaux de la terre leur font défaut.   Janvier 1842.

Mémoire sur *l'administration des haras* qu'on voulait
distraire du département de l'agriculture et du commerce
pour la faire passer dans celui de la guerre.   Mars 1842.

Mémoire sur la *substance grasse du lait*.
Lu à l'Académie des sciences le 25 avril 1842.
Commissaires nommés, MM. Dumas, Boussingault et
Payen.   Avril 1842.
Le rapport n'a pas été fait, mais je crois pouvoir citer
l'extrait suivant de la lettre qui m'a été adressée à ce
sujet par M. Boussingault, alors absent de Paris :

« Bechelbronn, 3 mai 1842.

« J'ai lu avec beaucoup d'intérêt le mémoire que vous
« m'avez envoyé sur la substance grasse du lait. Votre
« opinion sur la constitution physique de ce fluide me
« semble fondée ; elle permet d'apprécier mieux qu'on
« ne l'a fait jusqu'à ce jour l'action mécanique qui se
« passe dans la baratte..... Je donne volontiers mon ap-
« probation à votre travail, et je désire que, dans le rap-
« port, on insiste particulièrement sur l'excellente direc-
« tion dans laquelle vous êtes entré. Ce sont, en effet,

« de semblables travaux qui peuvent seuls éclairer l'art
« agricole.

« Veuillez communiquer cette lettre à **MM.** les commis-
« saires, car je puis rester encore quelque temps à la
« campagne.

« BOUSSINGAULT. »

Mémoire sur les *fromageries par association* récemment
établies dans la grande plaine de Suisse, entre les Alpes
et le Jura, et sur les avantages que de semblables établis-
sements pourraient procurer à nos provinces du centre et
de l'ouest.

Ce mémoire, lu à l'Académie des sciences le 24 octo-
bre 1842, a pour but de démontrer que la qualité des fro-
mages dits de Gruyères ne tient nullement, comme on le
croit en général, aux plantes que les vaches paissent sur
les montagnes.

Commissaires nommés, **MM.** de Gasparin, de Silvestre
et Boussingault.

A la suite de cette lecture, **M.** Dumas a communiqué à
l'Académie quelques observations venant à l'appui d'une
partie des conclusions du mémoire.

Mémoire sur la *police du roulage,* et sur la nécessité
d'affranchir les voitures des cultivateurs de toutes les

prescriptions relatives à la largeur des jantes et au nombre des chevaux attelés, si on veut encourager en France
l'élève du cheval léger.   Avril 1843.

Mémoire sur le principe de *l'amélioration des races de
chevaux*, et sur la préférence qui doit être accordée, comme
moyen d'encouragement, soit aux prix de course , soit
aux primes locales, SUIVANT LE SEXE DE L'ANIMAL.

Lu à l'Académie des sciences le 19 juin 1843.   Juin 1843.

Commissaires nommés, MM. Boussingault, Payen et
Rayer.

Ce mémoire n'ayant pas été imprimé, je demande la
permission d'en donner ici un extrait.

MÉMOIRE sur les deux questions suivantes : 1° *Les juments et
les pouliches doivent-elles être admises à disputer les prix de
course fondés pour l'amélioration des races de chevaux?
2° Les chevaux et poulains doivent-ils prendre part à la
distribution des primes locales que l'on a créées également
pour améliorer les races?*

La solution de ces deux questions repose sur la distinction
qu'il est nécessaire d'établir entre la part qui revient au père et
la part qui revient à la mère dans la reproduction de l'espèce ,
distinction résultant d'observations physiologiques et microsco-
piques qui sont pleinement confirmées aujourd'hui par l'expé-
rience et par la pratique de l'élève du cheval.

Première question. — Dans l'union du zoosperme avec l'ovule,
union d'où résulte l'embryon , le premier rudiment de l'encé-

phale et de la colonne vertébrale vient du zoosperme , c'est-à-dire du père; mais la première fonction vitale accomplie par ce même embryon est de s'emparer, pour construire sa propre charpente , des principes nutritifs charriés par les vaisseaux de la mère et déjà élaborés par elle.

Il suit de là , d'une part, que la mère joue le rôle principal dans tout ce qui tient à la construction de la charpente osseuse, musculaire et tendineuse, sous le rapport de la force et *des dimensions*; et, à l'égard des dimensions, la différence de taille qu'on observe constamment entre le mulet et le bardeau fournit une preuve (entre beaucoup d'autres) que tout le monde peut apprécier , le mulet qui provient de l'âne et de la jument étant toujours plus grand que le bardeau qui provient du cheval et de l'ânesse.

Il suit de là , d'autre part, que le père influe principalement sur la forme, puisqu'il fournit primitivement par le zoosperme un tissu déjà organisé, vivant d'une vie qui lui est propre, et dans lequel se trouve le germe des formes que doit revêtir l'embryon ; il influe davantage encore sur les qualités qui dépendent du système cérébro-spinal, dont il a constitué la première trame ; donc c'est à son père que le poulain doit les qualités qui, ayant leur siége dans l'encéphale, constituent ce qu'on appelle un cheval de sang : l'*intelligence*, c'est-à-dire la docilité et l'adresse ; la *volonté*, c'est-à-dire l'ardeur, le courage et l'énergie soutenus, qualités sans lesquelles la taille et même la force ne sont rien, et qui rendent un cheval également propre à obéir à la voix de l'homme, à disputer le prix de la course, à tirer un cavalier du danger, à sortir d'un mauvais pas une voiture pesamment chargée, etc. (1). Mais ces qualités natives peuvent-elles se re-

---

(1) On conçoit qu'il s'agit ici UNIQUEMENT du cheval ou des autres animaux

connaître à la simple vue? peuvent-elles être appréciées avec exactitude par un comice chargé de distribuer des primes d'encouragement? Non, sans doute, ou du moins très-rarement. Le meilleur, le seul moyen de faire apparaître à tous les yeux ces qualités précieuses, et en même temps de les confirmer, c'est la lutte, c'est la course en concurrence, qui, faisant naître une vive émulation, développe à la fois l'intelligence et le courage. Or de l'extension que les courses ont prise est née une profession nouvelle, celle des gens qui, par un système d'hygiène et d'exercices plus ou moins bien entendus, mettent les chevaux en état de fournir rapidement une longue carrière. Je parle ici de ce qu'on appelle l'*entraînement*, pratique contre laquelle plusieurs écrivains très-distingués s'élèvent avec force, et peut-être à tort. En effet, l'entraînement, pourvu qu'on n'y soumette pas de jeunes poulains, dont il interrompt la croissance, développe encore les qualités natives du cheval, et en lui donnant plus de vigueur, plus de souplesse, plus de légèreté il ajoute à ses qualités transmissibles. On sait que l'entraînement est la combinaison d'une nourriture substantielle et excitante avec une suite de marches et de courses d'abord modérées, mais qui arrivent graduellement à ce qu'on appelle *suées*, exercice excessivement violent, accompagné de tous les moyens propres à amener une transpiration très-abondante, à expulser, autant que possible, des membres de l'animal la graisse superflue, et à ne laisser, en quelque sorte, que les muscles.....

Le cheval qui a subi cette sorte de préparation a les formes plus accusées, à quelque race qu'il appartienne; ses muscles ont

---

domestiques, et à cet égard les Anglais nous ont appris depuis longtemps avec quelle certitude on pouvait compter sur les résultats, en suivant avec persévérance, pour les accouplements, une marche raisonnée.

plus de force et d'élasticité ; il a des articulations saines , des jambes solides ; il a surtout une bonne poitrine, le jeu des poumons bien libre, la respiration longue, et il est exempt de toute maladie interne transmissible à ses descendants, car, s'il en avait eu seulement le germe, il aurait succombé : aussi beaucoup de chevaux ne résistent pas à une si dure épreuve ; un grand nombre en sortent infirmes ou avec des tares plus ou moins graves. De là naissent les principales objections faites contre les courses, et surtout contre l'entraînement. Les Anglais, inventeurs des courses et de l'entraînement, répondent à cela : tant mieux. Il est reconnu , disent-ils, que les chevaux sauvages ont plus de feu , plus d'adresse et de vélocité pour échapper aux poursuites , plus de vigueur et d'énergie pour supporter les fatigues. Pourquoi cela ? parce que, chaque année, au moment du rut, les mâles se livrent des combats acharnés dans lesquels succombent les plus faibles. Ceux-là seuls peuvent donc reproduire l'espèce , qui sont doués de l'intelligence , du courage, de la vigueur et des qualités les plus éminentes , qualités qu'ils transmettent, au moins en partie , à leurs descendants. En faisant passer nos chevaux par l'épreuve de l'entraînement et par celle des courses, nous ne faisons donc qu'imiter la nature, et nous devons arriver au même résultat, ou du moins en approcher autant que possible.

Ce raisonnement paraît juste , mais autant il est favorable aux courses de chevaux, autant il est contraire aux courses de juments ; car, dans ces luttes printanières des animaux libres que nous voulons imiter, la femelle reste constamment passive, et, pour les juments qu'on destine à devenir des poulinières, l'entraînement a souvent les conséquences les plus fâcheuses : les courses elles-mêmes, d'ailleurs, empêchent leurs propriétaires de les faire saillir pendant une portion notable de leur existence.

Ces considérations, néanmoins, ne sont pas les seules qui doivent faire proscrire les courses de juments ; il résulte, de l'examen et de la balance des registres conservés au ministère de l'agriculture, que, pendant la dernière période de dix ans, les prix ont été disputés et gagnés par des chevaux et par des juments dans une proportion parfaitement égale. Si donc une somme de 200,000 francs est distribuée chaque année, par l'État, en prix de course destinés uniquement à améliorer les races dont le pays a besoin, les juments et pouliches étant admises indifféremment à courir comme les chevaux, il suit, de ce que j'ai dit plus haut sur les qualités qui sont spécialement transmissibles par le père, qu'au lieu de 200,000 francs par an il n'y a eu réellement que 100,000 francs employés avec efficacité à l'amélioration de l'espèce.....

Deuxième question. — Faut-il conclure, de ce que je viens de dire, qu'on doit se borner à perfectionner les étalons, et ne rien faire pour contribuer immédiatement à améliorer l'espèce par les poulinières ? Je suis loin d'avoir cette pensée ; mais que faut-il chez la jument ? de la taille, de l'étoffe, des membres solides et bien établis, joints à une construction régulière. Toutes ces qualités sont appréciables à l'œil, et dès lors les inconvénients qu'on reproche aux primes locales disparaissent, en laissant subsister les avantages incontestables attachés à ce genre d'encouragement. Mais aujourd'hui, de même que les juments et pouliches sont admises à courir, de même aussi une portion très-considérable des primes que distribuent, chaque année, le gouvernement et les administrations locales est donnée aux chevaux et aux poulains ; et, comme les juges qui sont chargés de distribuer ces primes ne peuvent pas discerner à la vue les qualités qu'on doit rechercher dans un étalon, ils les accordent souvent à la taille élevée et à ces formes arrondies qui ne revêtent, la plupart du temps, que des chevaux mous, sans intelligence comme sans énergie. Ces chevaux sont, par cela même qu'ils ont été primés, plus recherchés des cultivateurs pour la saillie de leurs juments, et dans ce cas la prime, au lieu de relever la race, contribue de toute sa puissance à l'abâtardir.

En résumé donc, on ne doit pas admettre de juments à disputer les prix de course fondés par l'Etat, et ce puissant moyen d'amélioration doit être réservé pour les chevaux propres à faire des étalons, puisque les ressources affectées par le budget à cette destination sont nécessairement fort restreintes. Quant aux juments, les qualités qu'on exige d'elles, et qui sont en rapport essentiel avec la part qu'elles prennent dans la reproduction, pouvant facilement se reconnaître à l'œil, on doit leur donner exclusivement les primes locales à décerner par les comices.

En agissant ainsi, on prendra tout ce qu'il y a de bon dans ces deux modes d'encouragement pour ou contre lesquels on n'a écrit tant de volumes que parce qu'on a toujours voulu adopter l'un ou l'autre exclusivement; et on évitera la plupart des inconvénients qu'on reproche à chacun d'eux.

Plusieurs mémoires sur les chemins de fer considérés comme moyen de faire pénétrer le plâtre, la marne et les autres amendements dans les provinces qui en sont privées; et d'amener, par la facilité des transports, l'uniformité si désirable du prix des grains et farines sur les différents points de notre territoire.

Publiés dans le Journal des chemins de fer et autres ouvrages périodiques.

1842 à 1845.

Mémoire sur la *protection en matière d'industrie agricole et manufacturière*.

Ce mémoire, lu, le 15 mars 1845, à l'Académie des sciences morales et politiques, a eu deux éditions. Mars 1845.

———

Deux mémoires sur le *sésame* et sur la nécessité d'une augmentation de tarif sans laquelle ce produit de l'agriculture égyptienne menaçait d'exclure nos graines oléagineuses de notre propre marché. Janvier et mai 1845.

Les conclusions de ces deux mémoires ont été adoptées et maintenues jusqu'à ce jour avec profit pour notre industrie agricole, et en même temps pour le trésor, car le droit d'entrée a été triplé, et cependant la quantité de sésame importée n'a pas diminué depuis l'application de ce nouveau tarif.

———

Mémoire sur la *mise en valeur des biens communaux*. Mai 1845.

———

Mémoire sur les pensions viagères ou *caisses de retraite pour les vieillards des classes ouvrières*.

Les conclusions de ce mémoire lu à l'Académie des sciences morales et politiques, les 14 et 21 février 1846, ont été converties en loi en 1850, et les bienfaits de cette loi sont aujourd'hui unanimement reconnus. Février 1846.

———

Mémoire sur le *droit de mouture* (prélèvement *en nature* qu'exercent les meuniers sur le grain qu'on leur donne à moudre) et sur les conséquences graves que peut avoir ce prélèvement, toujours uniforme quant à la quantité prélevée, lorsque le prix des grains devient excessif. Ce mémoire a été publié en 1846 (voir *la Presse* du 18 décembre 1846), et ce qui s'est passé en 1847 est venu confirmer ses tristes prévisions.

Décemb. 1846

Rapport au congrès central d'agriculture sur les droits de douane qui frappent les produits de l'agriculture étrangère.

Mars 1847.

Ce rapport a été plusieurs fois réimprimé.

Plusieurs mémoires sur la question des *subsistances*, sur les causes de la disette de 1847 et sur les moyens d'en prévenir le retour.

1848 et 1849.

Exposé des motifs d'un projet de loi sur le recrutement de l'armée, qui supprimerait le tirage au sort et laisserait à l'agriculture les bras si précieux que le système actuel lui enlève chaque année.

Avril 1849.

Rapport au congrès central d'agriculture sur les *réserves de céréales*.

Mars 1850.

Mémoire sur les *moyens employés pour éluder la loi dite de l'échelle mobile*, relative à l'importation des céréales, sur la *francisation des blés étrangers* qui s'opère dans certains ports de la Manche, et sur le préjudice qui résulte de cette fraude pour nos départements de l'ouest.

Avril 185

―――――

Mémoire sur les inconvénients de l'exploitation directe des chemins de fer par l'État.

Avril 185

―――――

Mémoire sur le *noir animal* résidu de raffinerie, sur son mode d'action et sur les conséquences économiques qui doivent résulter de son application au défrichement des terres incultes du centre de la France.

Lu à l'Académie des sciences les 9 février et 15 mars 1852.

Commissaires nommés, **MM.** Chevreul, Dumas et Payen.

Février 185

―――――

Mémoire sur *l'application de l'iode au traitement de la cachexie aqueuse ou pourriture des bêtes à laine,* lu à l'Académie des sciences le 17 mai 1852.

Mai 1852.

Commissaires nommés, **MM.** de Gasparin, Valpeau et Rayer.

―――――

Un grand nombre de rapports présentés soit au conseil général de l'agriculture, soit au congrès central, soit à la Société d'économie charitable, sur diverses questions d'économie rurale, politique ou sociale, et notamment sur *l'emploi du sel en agriculture*, sur le *crédit foncier*, sur l'assistance publique, sur le travail dans les prisons, etc.